Uta Haeder • Immer länger dehnt sich gestern

Die Autorin

Uta Haeder, Bildende Künstlerin und Autorin, wurde 1944 in Wiesbaden geboren und lebt seit 1969 in Hamburg.

Das Buch

Eingewoben zwischen farbenfrohen Monatsbildern spannt Uta Haeder einen facettenreichen Themenbogen: Es finden sich Erinnerungen und Träume, Gedanken zu Kindheit, Altern und Tod, Abschied und Einsamkeit, Ansichten über Kunst und Umwelt, alte und frische Verletzungen, persönliche Bekenntnisse und immer auch der Blick in den Spiegel ...

Die Autorin bedient sich souverän der verschiedenen Stilarten, um sie auf eine eigene Weise zu verfremden: Unversehens münden konventionell anmutende Verse in überraschende Wendungen, klappt eine eher harmlos erscheinende Idee in ein blitzgescheites aperçu um. Die Lust am experimentellen Umgang mit der Sprache, an Wort- und Gedankenspielen bieten Kino fürs innere Auge. Die Gedichte, mal pointiert mit spitzer Feder — oft mit erfrischender Ironie und Selbstironie gewürzt — mal voller Innerlichkeit und Poesie mit weichem Pinsel gemalt, sind authentische Lyrik.

Uta Haeder

Immer länger
dehnt sich gestern
Gedichte

EditionBlattWerk

Bibliografische Information Der Deutschen Bibliothek:
Die Deutsche Bibliothek verzeichnet diese Publikation
in der Deutschen Nationalbibliografie; detaillierte
bibliografische Daten sind im Internet über
http://dnb.ddb.de abrufbar.

© Uta Haeder • EditionBlattWerk, Hamburg • 2003
Alle Rechte bei der Autorin
Einbandgestaltung und Layout: Uta Haeder
Herstellung: Books on Demand GmbH, Norderstedt

ISBN 3-8330-0151-8

ich leg den wind
mir um die schulter

sternenreif aufs
lockenhaar

gürte mich mit
bernsteinschnüren

barfüssig über
feuerbohlen

schreite ich durchs
ganze jahr

im januar

fröstelnd
stehen wartend weiden
eisatem haucht den
biegen birken
perlengeschmeide
ins schwanke
gezweig

weit gespannte
himmel versprechen
lautlose daunen
decken barmherzig
kalte bänke
und albtraum

gläsern singen die
windflöten schneisen
ins feld ums gemäuer
raunen oboen von
orangenbäumen und mohn
in tiefrot

JanuarGrau

Heute tagt kein Tag
schon am Mittag Abenddämmern
novembernd todesahnt die Zeit
gibt hin sich dem Vergessen
versäumt Licht Leucht Schnee
und reut den Weihnachtsstern
wie ein Verrat

Würd' gern wachsen lassen

mir einen Winterpelz
über meine dünne Haut
wenn mich frieren macht
die äusserliche Kälte

oder auch ein dickes Fell
um meine Seele
wenn mich innerlich
sollt' frösteln

oder eine hörnern' Schicht
auf meinen Fingerspitzen
dass heisse Eisen
mich nicht brennen.

Oder würd' gern

einen Vorrat ansammeln
an Nahrung für Körper und Geist
in meinem Schnabel
um mein Junges zu füttern
wenn es sollt' danach verlangen

oder würd' gern

mich häuten dürfen
wenn's zu eng mir wird
und mich zu dehnen
Wohltat mir verspricht

⇒

oder würd' gern

dem Opossum gleich
kopfüber schaukelnd hängen im Geäst
um Hirn und Glieder
hinzugeben der Entspannung.

Nur eines können möcht' ich nicht:
Wechseln die Farbe meiner Haut
gleich dem Chamäleon
Mimikry mit der Gesinnung treiben
wenn ein andres Muster
sollt' in Mode kommen
— will mutig zu Markte tragen
meine unpassend gefärbten
Gedanken.

WahlVerwandtschaft
(mit Erich Kästner)

Mitunter sitz ich rum und spinn:
Wie wär mein Bruder, hätt ich einen ...
Manch einer kommt mir in den Sinn.
Das geht ganz leicht — ich hab ja keinen.

Freunde — sagt man jedenfalls
und ist so üblich — kann man sich wählen.
Verwandtschaft hat man ungefragt am Hals
und hat sich oft damit zu quälen.

Meine Gedanken gehen gern spazieren
und gönnen sich den Spass.
Sie fangen an zu fabulieren
und fragen mich: Wie wär denn das?

Wenn, unter uns mal angenommen,
(ich will ja niemand strafen),
du als mein Vater wärst zur Welt gekommen ...
mich liess' das bestens schlafen.

Ich hatte dich schon mal gefunden,
da war ich noch ein Kind.
Dann aus den Augen, dem Hirn entschwunden
— wie Kinder halt so sind.

Plötzlich erinnere ich mich wieder.
Kann sein, weil vieles mich bedroht.
Da ich entsinne deine Lieder,
bist du — schon fünfzehn Jahre tot.

⇒

Über deine Vaterschaft
bin ich zwar informiert,
und mit welcher Leidenschaft
— das hab ich akzeptiert —

mit der du einen Sohn gewollt. *
Früher war'n "Stammhalter" halt modern
(zum Glück, der Anspruch ist fast überholt),
deshalb liegt tadeln mir auch fern.

Als Tochter dir im Geiste
fühl ich mich sehr verbunden.
Vergib, was ich mich hier erdreiste
— was uns vereint sind Wunden.

Tränen für das Meer aus Kreuzen
will ich dir zum Himmel schicken.
Zur Gesellschaft wirst du mit mir schneuzen
und, wie versprochen, dazu nicken.

* Erich Kästner: "Brief an meinen Sohn"

Ich warte
          auf den Boten,
der die Briefe bringt.
Ich warte, dass im Radio
mein Lieblingssänger singt.
Ich wartete geduldig
neun Monde auf mein Kind.
Ich warte immer ungeduldig
wie die Wahlausgänge sind.
Hab ich gerade einen Lover,
warte ich auf ihn.
Ist, was auch immer, angesagt,
wart ich auf den Termin.

Ich warte auf des Rätsels Lösung,
ob ich vielleicht Gewinner.
Ich warte auch bei allen Ärzten
in deren Wartezimmer.
Ich warte still an jeder Ampel,
bis jene endlich grün,
und wenn mir mal der Schädel dröhnt,
bis wirkt das Aspirin.
Ich warte auf den Morgen,
falls schlaflos, bis die Nacht herum.
Auf Befunde und den Klempner
wart ich klaglos stumm.   ⇒

Ich warte jährlich auf den Sommer
und fast an jeder Kasse.
Ich warte, dass der Himmel sich bald öffne
und Einsicht regnen lasse.

Meistens sich das Warten paart
mit Hoffen oder Beten.
Falls das erneut vergeblich bleibt,
dann donnern die Raketen.

Wird gegen jeglichen Verstand gehandelt
und sich für Macht entschieden,
— dann werd' ich nicht alleine warten.
Warten auf den Frieden.

Längst nicht mehr

Längst werfen
wir nicht mehr die bunten Tage
ins Blau
mit der zuversichtlichen Gewissheit
wir fangen ein Kaleidoskop
das uns bei Bedarf den Regen
mit fröhlichen Sprenkeln bestickt

Nun heisst es
einen Vorrat anlegen
für alle Fälle
sollten die Tage zu gleissend werden
und der Esel
zum Tanzen geht aufs Eis

DA MUSS DOCH SCHON
EINER
VOR 1993
RUMGEKLONT HABEN.
WIE KÖNNTE ES SONST
IMMER WIEDER
KREATUREN GEBEN
MIT AMÖBEN-
HIRNEN
UND MARMOR-
HERZEN
UND HORNHAUT-
SEELEN.

DA MUSS DOCH SCHON
EINER
VOR 1993
RUMGEKLONT HABEN.
WIE KÖNNTE ES SONST
IMMER WIEDER
KREATUREN GEBEN
MIT AMÖBEN-
HIRNEN
UND MARMOR-
HERZEN
UND HORNHAUT-
SEELEN.

DA MUSS DOCH SCHON
EINER
VOR 1993
RUMGEKLONT HABEN.
WIE KÖNNTE ES SONST
IMMER WIEDER
KREATUREN GEBEN
MIT AMÖBEN-
HIRNEN
UND MARMOR-
HERZEN
UND HORNHAUT-
SEELEN.

DA MUSS DOCH SCHON
EINER
VOR 1993
RUMGEKLONT HABEN.
WIE KÖNNTE ES SONST
IMMER WIEDER
KREATUREN GEBEN
MIT AMÖBEN-
HIRNEN
UND MARMOR-
HERZEN
UND HORNHAUT-
SEELEN.

DA MUSS DOCH SCHON
EINER
VOR 1993
RUMGEKLONT HABEN.
WIE KÖNNTE ES SONST
IMMER WIEDER
KREATUREN GEBEN
MIT AMÖBEN-
HIRNEN
UND MARMOR-
HERZEN
UND HORNHAUT-
SEELEN.

DA MUSS DOCH SCHON
EINER
VOR 1993
RUMGEKLONT HABEN.
WIE KÖNNTE ES SONST
IMMER WIEDER
KREATUREN GEBEN
MIT AMÖBEN-
HIRNEN
UND MARMOR-
HERZEN
UND HORNHAUT-
SEELEN ...

Die Espe hat's
gut
sie darf
zittern
Die Weide hat's
gut
sie darf
trauern
Der Regen hat's
gut
er darf
weinen
Die Möwe hat's
gut
sie darf
schreien
Die Blume hat's
gut
sie darf
sein
Ich hab's nicht
gut
ich muss
mich beherrschen

Im Februar

Noch stolpert der Bach,
vergass sein Sommerplappern
unter Winterglas.

Jeder ist einsam,
harrt vergeblich der Mondfeen
und Lichtboten.

Die Menschen weisen
keck dem Winter den Heimweg
mit Schellenbäumen.

Schwindelfarben zum
Tanz mit Besen und Bändern
auf dem Schneepfad.

Hinter den Masken
und gelieh'nen Gesichtern
die stumme Wahrheit.

Um Blattes Breite

Hab einst in Drachenblut gebadet
wie weiland Jung-Siegfried aus Xanten.
War ja ein "begabtes Kind".

Ungeschützt verblieb ein Mal
nicht grösser als ein Lindenblatt
ganz nahe bei der Schulter.

Gehörnter Schild vor meiner Brust
schützt wenig gegen List und Ränke
und Speere aus dem Hinterhalt.

Ihr seht es und bemerkt es wohl:
Nur von hinten in den Rücken
kann tödlich man verwunden.

Ich hadre mit dem Lindenblatt,
das meine Schulter zieret
— will nahtlos unverletzlich sein!

*

Jetzt hab ich's wiederholt bedacht:
Ich bin ich und will ich bleiben
— und ich behalt mein Lindenblatt. ⇒

Denn würd auch jene Stelle härten,
dann wär ich nicht mehr ich
und könnt mich selbst nicht lieben.

"Schuld" hat jenes Blatt doch nicht,
viel eher wohl so mancher Mensch,
sei's Kriem-, sei's Brunhild oder Hagen.

Ihr wetzt die Zunge, schärft den Stahl
und seid bereit zu meucheln.
Stets findet ihr ein Opfer.

Was lehrte mich der Schmerz im Rücken?
Nie wieder werd ich voll Vertrauen
vor euch mich niederbeugen.

Nie wieder werd ich voll Vertrauen
den Rücken zu euch wenden. Es sei denn
— um ihn euch zu kehren.

Folgerichtig

Artig sein
von Kindheit an
Kritik war
nicht gefragt

Falls je sich
Widerspruch
zart regte
war Bestrafung
angesagt

Das Kind gerät
in Zweifel
der Beifall
bleibt meist aus

doch schaut es
in den Spiegel
zollt der ihm
stumm Applaus

Menschenskind
stand oft im Regen
gewachsen
ist's dabei

Es stellte sich
die Frage ob
wenn's nicht artig
folgerichtig
ab-artig sei

Fix legt das Kind
sein Mieder an
das ihm den Rücken
stärkt

Ich *folge richtig*
nämlich *mir*
wird Zeit dass ihr
das merkt

Vergeblicher Kampf

gegen Windmühlenflügel
die ohnehin
im Wege sind
und mir
den freien Blick verstellen

Ich schwing mich
auf meine Rosinante
und reite
dem Regenbogen
entgegen

RumTopf

Die Guten ins Töpfchen
und konserviert mit Rum

Die Schlechten ins Kröpfchen
und runter mit Silentium

Die süssen Früchte
pflege ich
stell's Töpfchen ins Regal

Die schlechten Früchte
legen sich
im Magen vertikal

Besser hätt ich gut gekaut
statt einfach nur zu schlucken
Nun bäumt sich mein Gedärme
Mir ist reinweg zum Spucken

Quer stellt sich eine Gräte
Bitterpille grober Klotz
So mancher wird sich künftig wundern
wenn ich ihm vor die Füsse kotz

Vom Topf heb ich den Deckel
und staun dabei nicht schlecht
Was ich darin zu sehen krieg
das ist mir auch nicht recht

Die Früchte scheinen haltbar
doch sind sie arg geschrumpft
und nicht mehr schön in Farbe
— viel eher blassgestumpft

Ich säe und ich ernte
und ich bestell mein Feld
Die Früchte die mir werden
die bring ich in mein Zelt

Ich nehm sie wie sie wachsen
nichts wird mehr konserviert
noch unverdaut verschlungen
ich hoff ich bin kuriert

Wem nützt ein saurer Magen
Wem ein Herbarium

Was sich in Topf und Darm befindet

— das ist vorbei und r u m

Das Schweigen ist
entfacht
wir tragen es
beharrlich
im Munde

Leih mir
deinen Faden,
Ariadne

Ohne mich

Der einen Sprache sprech ich nicht.
Die andre spricht nicht die meine.

Sollt man mich fragen, ich bestritte,
ich sei in diesem Bund die Dritte.

März

Der Winter weilt und lehnt am Mast
hält zaudernd kurze letzte Rast
schiebt bleichen Schnee vom dunklen Rock
dann knickt sein Knie trotz Knotenstock

im märz

nassschwarze lachen
in den gassen
die die nacht vergass
einsilbig lässt märz
die stunden blassen
altrost noch an
klee und gras

nur die knospen
bergen wissen
frühlingsschwanger
von kelchen
und glocken
veilchen und
narzissen

zögernd weicht
der trauermond
hoffnungsgrünen
lichtern

zögernd weicht
der winterschlaf
von malern und
von dichtern

Willkommen, lass dich lieben!
(Meinem ersten grauen Haar gewidmet)

Endlich ist es angekommen,
ich wähnt' mich schon vergessen.
Mir ist kein bisschen drob beklommen,
denn ich find's angemessen.

Hab mich ums Haar verdient gemacht.
Körperschmerz und Seelenkummer
stahlen mir in mancher Nacht
den ersehnten Schlummer.

Vielleicht, weil Menschen mich verrieten,
oder weil das Glück auf Dauer
und ein lieber Freund mich mieden
— oder die Summe aller Trauer?

Gewiss hat vieles sich addiert,
ereignet und ergeben.
Dass es nicht lange debütiert
— dafür sorgt das Leben.

Ich werd's behutsam hegen
mit Vorsicht immerzu,
nicht stutzen, sondern pflegen
— denn es steht mir zu.   

An meiner Schläfe blitzt charmant
ein helles Streiflein, schau!
Die Stelle wirkt jetzt sehr markant
— ab heute trag ich *Grau.*

Der erste Schritt zur Weissheit hin,
willkommen, lass dich lieben!
Für Weisheit, Güte, Neubeginn
hoff ich auf Zeit ... zum Üben.

Uta

I. Du schlingst den Mantel enger
    und schlägst den Kragen hoch,
    Verrat liess dich erkalten,
    du wardst der Welt zu Stein.

    Von dir ging jener Zauber aus,
    der andern bald suspekt.
    Und wegen deiner heil'gen Gaben
    sah'n sie an dir das Hexenmal.

    Klugheit, Mut und Stolz und Kraft
    schwache Menschen leicht verschrecken,
    dann wollen schnell sie Reisig schichten
    und gar eifrig zündeln.

    Die Flamme wild im Innern lodert,
    die zehrt dich gänzlich auf,
    weil der, auf dessen Liebe du vertrautest,
    dich weder sah noch hörte.

    So ward auf andre Weise wahr,
    was man dir zugedacht:
    lebendig zu verglühen
    auf brennendem Schafott.   ⇒

II. Erstarrt stehst du im Dome
    — hätt' ich dich bloss gekannt!
    Ich liess' den Stein bald schmelzen:
    Ich fühl mich dir verwandt.

    Du darfst nicht länger trauern,
    1000 Jahre sind zu viel
    — obwohl sich täglich wieder
    vollzieht dasselbe Spiel.

    So nimm es dir zum Troste
    und sieh darin dein Heil:
    Wo du die Liebe gar nicht suchtest,
    ward sie dir doch zuteil.

    Verbunden war sie mit Verzicht,
    was dich und Dietmar quält.
    Es macht die Liebe nicht geringer.
    Dass es sie *gibt — das* zählt.

Das Gedicht geht auf den Inhalt des Schauspiels "Uta von Naumburg" von
Felix Dhünen ein.

TraumTänzerin

Wie ist's so lieblich anzusehn
die Elfen tanzen Reigen
die Abendluft lockt süss und sacht
mit Zimbeln und mit Geigen

Ich schwebe mit ich bin dabei
erheb den Fuss vom Saume
Da merk ich er ist ambossschwer
erwach aus lichtem Traume

Vision

Schneien wird's auf meinen Wegen
Blüten von Orangenbäumen.
Pastell biegt Sonne mir den Regen,
Jasmin und Zimt den Pfad besäumen.

Angst und Steine machen Raum
dem Glanz von tausend Silbersternen.
Zephire tragen mich im Traum
in blaue unbekannte Fernen.

Wenn Nebelkrähen lichten Lerchen weichen,
werden Wolkenberge schwinden.
Wenn Schmerz und Nacht die Segel streichen,
Glückssträhnen meine Fesseln winden.

Mein Drachen

Zwar ist nicht Herbst
doch vom Drachen
hab ich geträumt heut nacht
ganz ohne Schnur
das hat mich sehr froh gemacht
weil's ja mein
ganz allein
mein Drachen war

Zufrieden gefühlt
den Widerstand
gegen den Wind hinauf geflogen
stand er glücklich lachend
droben

Im April

Als wär's der Engel Trauertag
weint's aus einer Kummerwolke
Frosttränen auf mein Beet

Fast mehr als sonst scheint
mich zu frieren ein Ungutgefühl
etwa wie "es ist zu spät"

Aus Himmelheiter grellt Geblitz
und wettern Donner Schauerduschen
wechselweise Sonnenschein

Kecker Kobold spannt den Bogen
Intermezzo Schabernack furchtlose
Glocken läuten nahen Frühling ein

Unversehens schleiert grünes Licht
über Gemüt und Land Wärmeboten
gastspielen und versprechen

Schwere weicht mir aus den Poren
ich atme tief und preise
den Amselschwatz das Knospenbrechen

Weisses Lächeln in den Bäumen
und Sehnsucht unendlich
lang wie Nächte ohne Schlaf

GänseLied

Freundin, liebste Freundin,
was raschelt im Stroh?
Dampfwalze mich nicht nieder,
das hasse ich so.
Ich bin dir zwar Freundin,
doch anders als du.
Das sieh jetzt bald ein,
und gib endlich Ruh'.

Schläge

Wir wollten immer
Brücken schlagen

Wir haben
Rad geschlagen   und
Rat geschlagen   und
vorgeschlagen   und
nachgeschlagen   und
vor-   und zurück-geschlagen

Und wo
sind die Brücken?

Warum

machst du dir dein Bild
von mir
dem ich wieder und wieder
nicht gleiche

Warum
schlägst du deinen Rahmen
um mich
aus dem ich wieder und wieder
falle

Sieh mich an
kenne mich
wie ich bin
zeichne mir
kein fremdes Gesicht
keine fremden Gebärden

Umfasse mich
mit nichts
als dem Blick
deiner sehenden Seele

Eine endliche Geschichte

Es war'n einmal
zwei Weibsfigürchen
die öffneten
sich jahrelang
traulich
ihre Seelentürchen

Lieferten sich
Kraft zum Tragen
bei so einigen
Malheurchen
und Stärke wenn
im Abwärtstrend
die geneigten
Öhrchen

Es welken schnell
Vergissmeinnichte

Das ist
das Ende der
endlichen Geschichte

Bürdevoll

Ich habe meinen Weg gefunden,
wie zu leben ich gedenke.
Ich wünschte, ihr verstündet mich,
und dass mich niemand kränke.

An meinen Schultern könnt ihr sehen,
dass meine Bürde mir recht schwer.
Doch leider ist's euch nicht gegeben
— das ist eine Bürde mehr.

Betrittst du mein Haus
zieh deine Unrast aus
häng deine Eitelkeiten an den Haken
lass deine Launen vor der Tür

Schmücke dich mit Freundlichkeit
und mach mir dein Lächeln
zum Geschenk

MaiHymne

Im Mai kannst du des Schöpfers
Hand erkennen
Die Erde öffnet ihre Brauttruhen
und breitet verschwenderisch
Schätze über Land und Beet

                    Nie sind grüner die Lieder
                    Nie so betörend der Duft
                    von Goldlack und Flieder

Das Heute überbietet das Gestern
an quellender Kraft
und schon morgen kerzenleuchten
die Kastanien
wetteifernd mit den Gärten

                    Nordfelder lohen in gelbem Ornat
                    Ich schweige Ich sehe Ich atme
                    der Wiesen Aromen nach der Mahd

Der Mai streicht Balsam über
Winterwunden
Man möchte Freund sein und umarmen
Ein Maifreund

      Verstehen und glauben was der
      Mai uns lehrt
      Nicht vergessen dass was gut ist
      wieder und wiederkehrt

Maiflieder

Ahnst du
wie wenig mich deine
immerwährenden
Wiederholungen stören

Jahr für Jahr
fällt dir rechtzeitig
wieder ein
dein Blütenlila
und erinnerst dich
deines pochenden Dufts

Ich stehe still

und rühme
dein Gedächtnis

Es ist ...

als glitten
Elfen mit Flügeln aus Seide
im Wind
die webten Lichtträume
aus Sternen
und Farben

als flögen
Mädchen mit wehendem Dufthaar
umher
die verlören Blüten
und Küsse
im Schweben

als schwänge
von tausend gelösten Zungen
ein Lied
das kennte kaum mehr
als süsse
Kadenzen

Trägst mich, Pegasus,
zum Parnass nicht.
Dräust du mir gorgonenhäuptig,
Medusasohn,
wünscht' ich zu sein
Perseus' Tochter.

Ringe um Euterpes
und Eratos Gunst,
wie Laokoon sich wand
unter der ehernen Zwinge
zweier Schlangen.

Um wie er am Ende
zu erliegen.

Nicht jedes Sandkorn
wird zur Perle,
nicht jeder Gedanke
ein Gedicht.

Spür ich, wie Sand
die Zehen streichelt,
dann denk ich mir:
Das muss auch nicht.

kunst

würfel das
farbfeld
stürz dich
ins filzfett
steh kopf
oder hand
führe die
fellbewachsene tasse
zum auge und
fühl dich
erleuchtet

COLLAGE

KUNSTWERK
KUNST
WERK
GEWERKELT
GEKÜNSTELT
GESTÜCKELT
KUNSTGESTÜCKELT
KUNSTGEWERKSTÜCKELT
KUNSTSTÜCK
S   T
         Ü
            C   KW
                       E
                          RK

KUNST?

Im Juni

Farbenschwer sich Dolden wiegen
sonnenstill der Gartenpfad
Bienen schwanke Halme biegen
Birken tragen stolz Brokat

Pralles dunkelrotes Lachen
wogt im Beet mit Türkenmohn
Auf Dämmerteichen träumen Nachen
Andacht schweigt im grünen Dom

Kaum dass es nächtens richtig dunkelt
schmückt die Giebel goldnes Licht
Kaum ein Ding das uns nicht funkelt
wenn Juno uns die Töne mischt

im sommer

wenn anstimmt die erste strophe
die amsel um drei

        weiss ich ganz bald ist die nacht
        vorbei

und schon leiht sich die zweite
den ton zum duett

        noch einmal dreh ich mich um
        im bett

bald ist das ganze orchester versammelt
und wach hinterm haus

        privates konzert — mein herz klopft
        applaus

In den Fünfzigern

als unser Schulfranzösisch
kaum reichte
Bonjour Tristesse
zu übersetzen
fühlten wir uns sehr
avantgardistisch
wenn wir **Françoise Sagan**
lasen und schon ziemlich
rebellisch
wenn wir **James Dean**
verehrten

Aber immer auf der
richtigen Seite

Kein Entkommen

Nur selten gelang eine kleine Flucht.

Nach einem heimlichen Kinobesuch
in die (für uns) unerreichbare Welt
der Nouvelle Vague
probten wir den "zornigen Blick"
vor dem Spiegel.

Danach Zwischenstation im
(natürlich gemeinsam aufgesuchten)
Waschraum, dem wir als klägliche
Juliette-Greco-Verschnitte entstiegen
(mit düster gemaltem Auge
und bleicher Lippe).

Und dann ins (verbotene) Kellerlokal
mit französischem Namen,
wo wir die Geheimnisse
von Saint-Germain-des-Prés
(oder zumindest einen Hauch davon)
zu erhaschen hofften.

Aber die Jungs in unserem Alter
waren halt nur Jungs in unserem Alter ...

In den Sechzigern

wollten wir keinem
über 30 trauen.

Mittlerweile haben wir
uns verdoppelt

— und wir trauen uns
eine ganze Menge.

Auszug aus einem Brief:
In Erinnerung an '69/'70

Hallo, liebe Elke, du!
Hör ein Weilchen mir mal zu.
— Wird nicht lange dauern.

Viele Jahre ist's schon her,
manches weiss ich gar nicht mehr
— ist ohne weitres möglich.

An was ich mich erinnern kann,
hab ich aufs Papier getan.
Versuch mal, mir zu folgen.

Weisst du noch: Wir trugen Mini
und ganz mutig über Midi
Wechsel zu Hot Pants.

Manches hast du mich gelehrt.
Wo zum Beispiel "man" verkehrt
in Eppendorfer Läden.

Poster-Shops und Second Hand,
Pömps, Jil Sander, Mary Quant
— war alles neu und wichtig.

Und ein ganz verwegner Schritt
war der erste Kurzhaarschnitt
am Gänsemarkt bei Polzer.

Vor Experimenten war mir ziemlich lang
gelegentlich ein wenig bang.
"*Cheeky* musst du nehmen."   ⇒

Einst habt ihr mir mein Kind versorgt,
als ich mir einen Mann geborgt.
In Berlin war's, anno 70.

Dass nichts zu unterlassen ist,
was dem Selbstbewusstsein nützt,
hast nachdrücklich du empfohlen.

Mut zur Mode, Mut zum Mann
— Lehrstunden bis ich's konnte dann.
Kam frisch aus der Provinz.

Nie ging ich gerne von euch fort,
wäre lieber oft geblieben.
"Gute Nacht, Freunde" schien darum mir
genau für euch geschrieben:
Wort für Wort von *Yondrascheck.*

Willy and the Poorboys, Up Around the Bend,
die Platte schliesslich hast du mir geschenkt
von *Creedence Clearwater Revival.*

Ein Gutschein für ein Rendezvous
mit Rudi Dutschke *"entre vous"*
war eins *meiner* Präsente.

Obschon partiell sehr kritisch,
war ich erst wenig *APO*-litisch
— und es war schon '69!

Dann haben wir hin und *HAIR* gehört,
uns wegen Vietnam empört,
das hat uns mitgerissen.

⇒

Okay, ich hab auch später noch
im Steakhouse oft gesessen,
über vieles diskutiert
und die Zeit vergessen
— zuerst war's doch mit dir.

Und wenn ich so weiter denk ...
Selten kriegt' ich ein Geschenk
wie *Marx und Maoritz.*

Selten ist ein Mensch wie du,
und seit langem immerzu
bin ich ganz nostalgisch.

Frag mich, ob es denn so ist,
dass jede Freundschaft end-lich ist
— was ist *deine* Meinung?

Möglich, dass der Zahn der Zeit
uns noch weiter hat entzweit.
Ich möcht' es gerne wissen.

Lass mal von dir hören, du,
und wart nicht gar so lange zu
— musst es ja nicht reimen.

In den Siebzigern

Es sind weit über 20 Jahre her,
dass ich Kettchen um mich wand:
um die Fesseln, um die Taille
und um Hals und Stirn ein Band.

War es Mode, war es mehr?
Das war gestern, ist gewesen.
Heut will ich Ketten nur noch sprengen,
um frei von Fesseln zu — genesen.

NeuDeutsch (in den Achtzigern)

Für diese zur Endlosigkeit
verurteilten Diskussionen
liegen noch keine Bedarfsanalysen vor,
scheinen aber voll im Trend zu liegen.
Identifikationsprobleme werden verinnerlicht,
Wertverlustgefühle angedacht,
Frustrationserlebnisse rausgelassen.
Beziehungskisten und Partnerschaftskrisen
sind medienträchtige Ereignisse.
Überregional werden flankierende Massnahmen
zur Kostendämpfung ergriffen.
Multinationale Abrüstungsdialoge lassen
ein mittelfristiges Nullwachstum erwarten.
Die Einschaltquote bei Debatten über
zukunftsorientierte Denkmodelle erfreut
sich einer überproportionalen Zuwachsrate.

Wortklischees in den Mund genommen
und wiedergekäut.
Ich nehme mich nicht aus.

Aber manchmal
denke ich in "einfachen" Begriffen
wie Würde, Güte, Frieden, Liebe ...

Gewitter im Juli

Der Himmel hält sich streng verborgen
Einzelne Lichtfinger
wie Rutengänger über den Feldern

Wetter leuchten zornige Pfeile
aus Wolkentürmen
schleudern unbekannte Mächte

Nähte reissen und ungewarnt öffnen
sich die Schleusen
Ein Rauschen geht über die Welt

Aufatmen der Gärten

In meinen Gedanken paart sich
versöhnlich das farbfrische Licht
mit dem Südwind

8/1986

Rhein

In Deiner Sprache hast
wohlvertraut du mich begrüsst
mit Symphonien aus Kindertagen

Hab dich wiedererkannt
schon beim ersten Wellenschlagen
dein Takt dem meines Herzens gleich

Obwohl dir Schlimmes widerfuhr
hört' ich deine Melodie dich singen
im Rhythmus meiner Sehnsucht

11/1986

Der Anschlag auf dein Leben
hat mich zutiefst verstört
deine Elegien vernehm ich noch im Schlaf

Wär Hexenmacht mir doch zu eigen
was ich mir oft gewünscht
durch meiner Liebe Kraft zum Jubilieren
brächte ich dich wieder

Menschen töten dich seit Jahren
Versag für eine Weile deine Lieder
Wehr dich wenn du kannst
So lang werd ich mit dir schweigen

Eugen Roth, öko-logisch

Der Mensch, gern überheblich und borniert,
sich selbst als Krone deklariert
der Schöpfung, die er ungeniert
und systematisch ruiniert.
Dabei, (stets gründlich beim Garaus),
nimmt er sich selber auch nicht aus.

Der Mensch, (verdrängt: da kommt er her),
vergiftet unentwegt das Meer,
verseucht die Luft, verdirbt den Boden,
versäumt auch nicht, den Wald zu roden.
Dafür kreiert er neue Normen:
todsichere Kraftwerke in gefälligen Formen.

Der Mensch glaubt: Um so besser, desto eher
komm der Ewigkeit ich näher,
wenn das Ozonloch breiter wird
— und vergrössert's unbeirrt.

Der Mensch, Romantik weht ihn an,
bestaunt den Sonnen-Untergang,
meint, dass der Himmel Unterhaltung böte,
wenn sich jener bezieht mit Zornesröte.   ⇒

Der Mensch, was viele eigens schätzen,
schuf eine Menge — an Gesetzen.
Die sind da, sie zu beachten
— dachten jene, die sie machten.
Doch Gleichheit tut nicht jedem liegen,
drum tut der Mensch Gesetze biegen.

Der Mensch sehnt sich nach Harmonie,
ernährt sich darum von Chemie,
die schön ihn macht, und die nicht schwängert,
und die das Leben ihm verlängert.

Der Mensch, der scheint sich selber rein,
drum gräbt er die Ahnen in Erde ein.
Gift im Hirn, Chemie im Magen
— schadstoffarm? wag ich zu fragen.

Der Mensch, von Haus aus unzulänglich,
hält sich für ökologisch unbedenklich.

SelbstKritik

Bleifrei getankt
aber *FleckWeg* verwendet

Spaziergang gemacht
aber geraucht danach

Papier gesammelt
aber Dosenbier gekauft

Blattwerk kompostiert
aber Torf um die Rosen

Faltenbewusstsein gepriesen
aber Make Up täglich

Allgemeine Beschwerden

Hier und da die Erde sich erschüttert
zeigt
und dort und hier
kein Zweig mehr
zweigt

Doch der Mensch vorzugsweise
neigt
zu übersehen die Beschwerden
der Natur
Ich frag mich nur
Woran man denn den Wahnsinn misst
weil
der Wahnsinn immer der der andern ist.

Muss ich also anders denken
weil ich für andre *andre* bin —
Macht das Sinn?

Müde

Die Luft ist nicht
mit uns im Reinen,

das Wasser ist sich
auch nicht klar

und der Wald uns
nicht mehr grün.

Und so kommt's mir
in den Sinn,
ob es jenen ist
wie mir,
die ich der Menschen
zuweilen einfach
müde bin.

Falls Rettung nur die Arche be
deutet fang schon mal an Brett
er zu sammeln und zu bohren
– die von der dicksten Sorte –
und vergiss nicht die Taube zu
bestechen und sperr die Alb
träume ein dass sie nicht mit
segeln als blinde Passagiere auf
unserem Traumschiff und lass
getrost die leeren Fenster gäh
nen die Kerker müssen jetzt
ohne uns auskommen zaudere
nicht lange wir reisen — sofort

Im August

Dem Tag vergibt man
die kühle Frühe
wenn mittags er Blaukuppeln schiebt
übers schwitzende Haus
und lautlose Hitze stülpt über Menschen
und Stadt

Unter sorglosen Bäumen
necken wiegend sich Schatten
Sonne und Wind gerinnen zum Kuss
und täglich erneuert der Heliotrop
den Meineid der Treue
mit Duft

Eifrig schmeckt das Ohr
den Wohllaut des Sommers
Das Auge lauscht in die
saftgrünen Falten behäbiger Linden
und leichtfüssig tanzen Libellen
im Schilf

Des Nachts zählt ein freigebiger Mond
auf schwarze Wasser Silbertaler
Wie Kerzenlicht in Muschelschalen
teilen Welle und Glanz ein Geheimnis
Ich warte auf niemand
und doch

Wenn die Hitze
        die Wipfel der Pappeln rodet
        weidet die Flamme den Tag
        bis zum Grund
        dörrt die Narbe des Grases
        brennt Ziegel aus geduldigem Lehm
        sengt die Fackel die dürstende Zeit
        sperren glüheiserne Riegel
        das All

Wenn der Abend
        die Ernte des Sommers drischt
        und aus Stroh baut sein Nest mir
        ins Haar
        lauert im Schafspelz
        der Wolf

IchMuseum

schwarzweisse kriegs
sonntage
gehorch- und schluck
beschwerden
liebes
botschaft in papier
schwalbe
cabriofahren mit wehen
dem haar
und hexen
verse
murmelnd immer
und flügelstutzer im
mer wieder

macht
macht flügelbrechen
stolper
steine auf dem holz
weg segeln in silbermond
sicheln und warten
auf den brief
träger
immer   ⇒

dünne haut
tragen zu allen märkten
kopf in spärlicher
luft und hals in allen
schlingen flecht
werk knotet hirn
und herz zweifel
angst vertagt
auf immer
wiedersehen

mittags
müdigkeit im aug
ust und vereinzelt
niederschläge
kein finger
zeig auf pfirsich
wange wurzel
füsse in elfenbein
turm zuflucht
suche im schulatlas
und nimmer
endenwollende
sehnsucht

Das granitene Apfelbäumchen

Und über Nacht
im ahnungslosen August
erstarrt der junge Baum
im Frost
und hat es nicht gewusst

Der zarte Flor
hält inne
und blühet nimmer auf
so steht er kalt
und steinern
in seinem Lebenslauf

Ohne Tränen
ist der Baum
auch lachen kann er nicht
doch hebt er an
es zu versuchen
so bricht ihm ab
ein Blättlein

Der leise Klang des Fallens
klirrt wie auf Granit

SchutzMassnahmen

Manchmal
wenn mir das Herz ist
wie ein Butterkeks
so weich und so mürbe
dass es droht
in 1000 Stücke mir zu brechen

zieh ich mir an mein
Stachelhemd
schmink mir
Hochmut
auf die Lippe und
Coolness
ums Auge
leg Stahl mir aufs
Stimmband
und tauche in die Menge

Auf dass mich keiner
erkenne
und berühre

Die Fremde

Sie hält den zerbrochenen Krug in matter Hand
und wandelt in leichten Wassern.

Sie tanzt auf Klingen und Schneiden
und klammert an Halmen aus Stroh.

Sie hüllt sich in fremde Gewänder und Posen
und Masken aus dünnem Papier.

Sie spielt ein unvertrautes Leben
und spricht mit zwiefachem Mund.

Sie birgt Unbekanntes unter strenger Braue,
und Sterne fallen von Haar und Stirn.

Sie bewohnt ein Gehäuse aus Karten
und baut auf Tote und Sand.

Ich suche Erkennen in ihren Augen,
doch nichts erhellt ihren Blick.

Elf Meilen   ging ich
             als die lichtlose Zeit nichts als
             Schatten warf
             als die Freunde rar und flüchtig
             waren wie Nebel im August und
             fahl und tönern die
             Versprechen
             als das Grauen würgte und
             engte den Atem der
             verstummten Kehle
             als der gelähmte Fuss keine Spur mehr
             schrieb im Sand
             als der Morgen keine Melodie kannte
             die Dämmerung zu entweben

weil jener   eine Flügel mir fehlte
             mich zu tragen durch die Not
             bis zu jener hellen Stunde die ich
             fernwehkrank ersehnte

Körbe voll Mittag
Krüge voll Sonne
da borg ich vom Tag
mir ein zwei Stunden
für die lange Nacht Wenn
die schwarzgeflügelten
Gedanken drängen im Haus
der nicht wiederkehrenden Schritte Wenn
die toten Hallen
die Unterweisung in Sachen Einsamkeit
übernehmen Wenn
sie geheim schweigen in
allen Winkeln und
bieten Verstecke
der Angst

den sonnentag säumig
durch die wimpern

das nimmermüde lied
der herbstzeitlosen see

sich selbst genügende
spielende winde im haar

und zärtlichen sand zwischen
fingern und zehen

      während andernorts schatten
      siedeln in feindlichen nischen

Im September in der Stadt
am Fenster

      und ich träume in
      verklärten Bildern
      der Kindheit

      Lachen auf den Mündern
      der Knechte
      und auf denen der Mägde
      ein Lied

Und das Pfeifen der Sensen

      Heuwürze Kamille Lindenreihn
      Kleewiesen Flimmerluft und Wein

      Sommergerbe Hände
      Gespannte Sehnen
      pflücken ernten greifen binden laden

      Sonnenumhegte Felder

Und ein Läuten zum Abend

Konnt schon als Kind

mich nicht entscheiden
mag ich mehr die Pappel
aufrecht stolz dem Sturm
zum Trotz
himmelwärts gereckt
schlank und hocherhobnen Wipfels
pfahlverwurzelt dort am Damm

oder
ist es mehr die Weide
die mit mir verwandt
gebeugt und melancholisch
angeschmiegt
am Uferhang
weitgebogen lange Äste
Zweige die umarmend bergen
Blätter wispern
Koseworte
dicht am Wasser
vermählt drei Elementen

Huldigung

An Grossmutters Schürze war immer Sommer,
an Grossmutters Schürze war's immer warm.
Da war es wie in Weihnachtsliedern:
Still schwiegen Kummer und Harm.

Grossmutters Schürze barg Nuss und Apfel,
Rosinenwecken, Hasenbrot.
Grossmutters Schürze bot Schutz und Obdach
bei Donner, Bauchweh, Kindernot.

Gemächlich an der Schürze Zipfel
ging's nach dem Milchbusch* manchen Gang,
und abends heimlich nahmen wir
den Kurzweg übern Schienenstrang.

Das war, als noch der Hofhund bellte,
Ziegen blökten im Geviert,
Hühner scharrten frei im Sande,
und Hähne krähten ungeniert.

Klangmuster auf Kopfstein von Pferdehufen,
weichwarme Nüstern der Kühe aus Samt,
mehr Kletten im Haar als Spangen
und Pulverbrause auf der Hand.   ⇒

Tiefe Schränke wie ein Zimmer
luden bei Liese zum Versteck.
Wenn vom Spielen wir dann müde,
gab's Milchkaffee und Schmalzgebäck.

In stiller Zeit zur Dämmerstunde
bei der Kerze mildem Schein
sang Grossmutter die alten Lieder,
und es gab zu Röstbrot Wein.

An Grossmutters Schürze ging ich als Kind,
dort war alles warm und weich,
fühlte beschützt mich und geborgen
— das machte mich fürs Leben reich.

*Löwenzahn

erspriesslich

es muss eine fee
gestanden haben
an meiner wiege

gewiss war sie
voller güte

sie flocht
ein reislein
mir ins haar

das treibt mir
blüte um blüte

Fühle mich
dem Storch verbunden
der sein Nest so hoch gebaut
und dank dieser freien Warte
hab ich ganz den Überblick
seh ich voller Zuversicht
und Glaube
was der nächste Tag mir bringt

Fühle mich
dem Adler gleich
kann mit stolzem Herzen
stolzem Blick
mit ungebrochnem Mut
und ungebrochnen Schwingen
zufrieden meine Kreise ziehn

Fühle mich
wie eine Lerche
Weil so vieles mir gelingt
singe heiter ich mein Lied
dem zu Ehren
der mit ungeahnten Gaben
wahrlich reichlich mich beschenkt

SackgassenKind

Dass ich in einer Sackgasse geboren
wurde hatte hoffentlich keine nach
teiligen Auswirkungen auf mein wei
teres Leben Aber wer weiss - irgend
wie klingt's rückseitig so zugenagelt

    Im wahrsten Sinne Endstation
    denn oben quer steht 'ne Kistenfabrikation

Dead End bedeutet Sackgasse auf
amerikanisch Klingt auch übersetzt
nicht verlockender Als ich noch klein
war hing die Beschreibung der Tat
sache in zwei Sprachen rot-weiss
auf Blech unten an der Ecke am Haus

    Dunkel erinnere ich mich noch an Blau
    aber das weiss ich nicht mehr so genau

Mit drei Jahren trieb es mich bereits
selbständig in die Ferne bis zu jener
Ecke weil das aufregende Leben ein
Kettenkarussell - das zu bestaunen es
verlangte - auf wunderbare Weise
genau dorthin verschlagen hatte

    Mit viel Geschimpf' wurde vergällt
    der erste Ausflug in die Welt

Und dort bei uns im Hinterhaus in der
staubigen geborgenen Wärme der Polster   ⇒

erwerkstatt erhielt ich einen gelegentlichen
Schatz für meine Puppentochter Ein Fleck
lein Nessel oder Brokat und eine Hand
voll Kapok bedeuteten mir Kinderglück

     Solche Augenblicke sind unwiederbringlich
     und heutzutage gänzlich unerschwinglich

Bis dann eines Tages die Werkstatt als
Wohnung für meinen Onkel benötigt
und dem Meister deswegen gekündigt
wurde und seine Frau meiner Grossmut
ter keine *Guten Tag* mehr wünschte

     Meinen Onkel grüsste sie zur Provokation
     Ist das eventuell ein Sackgassensymptom?

Kürzlich auf der Durchreise bin ich vorbei
nicht hineingefahren Neugier hat mich hin
getrieben Um vieles schmaler und enger
erschien mir die Gasse — obwohl sie sich
Strasse nennt Nein ich bin nicht an den
zweimal sechs Häusern entlang gegangen

     Die sauber geputzten Fenster äugten nieder
     und wirkten allesamt ziemlich bieder

Damals hielten sich Beobachtungsposten
nicht ausschliesslich hinter den Gard
inen weil man irgendwie immer sein Staub
tuch auszuwedeln hatte und Lina die ganz   ⇒

besonders musste sehr häufig den täglich
zum Lüften ausgelegten Sofakissen den
mittigen Kniff erneuern Und am meisten
dann wenn Ricardo auf dem Weg zur Kiste
nfabrik sein *O sole mio* sang

    Willkommen waren Gastarbeiter
    Vielleicht war deshalb er so heiter

Die Sackgasse verfolgt mich immer
noch innerlich unbestimmt wie ein tun
lichst zu verbergender Makel Was
hat mich da als Kind nur geniert?
Säcke hatten wir bloss im Keller für
Kartoffeln, Kohlen und Briketts und die
Trottoirs waren auch immer gekehrt

    Aber irgendwie klingt's so klein-lich
    Vermutlich war's mir darum peinlich

Heute ist Grund

zum Geburtstag feiern

Ich habe den Unterschied
heraus gefunden

zwischen MÜSSEN
       und SOLLEN
       und DÜRFEN
       und WOLLEN

OktoberFest

Freunde, lasst den Riesling kreisen,
Gott Bacchus füllt die Becher.
Freunde, singt mir frohe Weisen,
Bacchantin, schlag den Fächer.

Freunde, wollt die Krüge heben,
der Saft wird uns sonst sauer,
trinkt auf dieses pralle Leben,
nie trägt der Rebstock Trauer.

Freunde, lasst die Gläser klingen.
Und wenn wir spät erlahmen,
trägt Morpheus unter Engelssingen
uns heim in seinen Armen.

Im Oktober

Später auf stand heut der Morgen.
Noch streift der Nebel um die Linden.
Die Aster wirbt in Rot und macht sich Sorgen,
hofft, dass letzte Bienen sie so finden.

Der Himmel lichtet sich im Osten,
noch hängt er reichlich tief.
Ein Fahrrad lehnt an einem Pfosten,
es sieht so aus, als ob's noch schlief'.

Kreuzspinnen haben junge Erlen
kunstvoll verkabelt und vernetzt.
Der Nachttau hat mit Silberperlen
die Häkelräder reich besetzt.

Ein einzig Blatt harrt dort am Ast.
Erst zögert's noch, dann lässt es los.
Dass es das Tanzfest nicht verpasst,
gibt ihm der Wind 'nen Rippenstoss.

Nachtmahre flüchten stumm beschämt,
mit süsser Wärme schmücken sich Zypressen.
Der Tag verspricht sich goldverbrämt,
als hätt' der Sommer ihn vergessen.

Die Sonne hat sich ausgereckt,
die feuchten Schleier küsst sie von den Bäumen.
Die Luft schmeckt jetzt wie Prickelsekt
— das will ich nicht versäumen.

früher herbst

der sommer flieht seit tagen
rastet für eine kurze frist
noch im blassenden schilf

längst schläft
in kühlen schattenhänden
der glückverheissende klee

ein spinnenbänderspiel
flicht sich der wind
in der bereiten hecke

verhalten zögert der bach
als erwarte er antwort
auf die im mai gestellte frage
wünscht sich — wer weiss —
an seinen ufern wüchse
der fröhliche herbstwein

an der sommerschenke
besinnt sich der weg
kehrt um vor
sonnenmüden bänken

noch ein wenig

ach wart noch ein wenig
du herbst

noch nicht zu ende genossen
den sommer

einmal noch über die wiesen
den langweg

einmal noch den heuatem
zum letzten

den duft von rosenlauben
und meerschaum

und doch schon
kirschvoll die hand

für die reise

Viel näher dem Herbst

als dem Frühling
die Tage der
abgezählten Sommerträume
schlagen mir
flüchtige Lichtfunken
ins Haar
wie ein Trost

Arabeske Lautmalereien
taumeln ans Ohr
erinnern unvermeidlich an
Una festa sui prati und
mediterrane Zeit

Beim täglichen Prüfblick
im Spiegel
bittersüsse Ahnung
von Winter
und Schnee

Noch erinnere ich

den weiten Bogen
beim Kirschkernspucken
und den Geschmack von
herzrotem Saft

Schon droht
der Winter im losen Netz
seiner Stachelschleppe
den letzten Sterntag zu fischen

Schon segeln
die eisigen Mondbarken
in den Kastanien und
nistet der Frost im Geäst

Heimlich warte ich
mit ausgelegtem Fangeisen
hinter der Hecke

Sand und Steine zählt
das Meer mir vor
den Fuss wie
längst ver
gangene
Tag
e

Am fernen Horizont
zu nebelweisser Molke geronnen
des Flusses fliessendes Leuchten

Ich stehe sturmkrumm
am diesseitigen Ufer und
erwarte des Fährmannes Boot

Aus Wintertränen
        gewirkt den Schleier
        um mein Haar

Aus Wortmaschen
        das schwarze Gewand
        für die Reise

Aus Stunden
        der Sanduhr den
        Steinschuh

Aus Erinnerungsrosen
        den Stab für den
        Dornweg

Eines Tages

ruht sich aus mein Weg
von meinem Wintergewicht
vergisst ganz bald schon
meinen Namen
verweht die blasse Spur des
Stolperschritts

        Die Scholle so taub wie
        müde das Gras
        die Woge so blaugelehrig wie
        immergrün das Reislein
        im Aschehaar

Dunkel beschlägt sich
der Spiegel mit
Abschiedsmusselin

Und stumm bleibt der Kuckuck
im Frühling

Meerwärts

Wenn einst mein Name wird schlafen
    im versiegelten Krug

Legt keinen Stein mir aufs Grab
    bewuchert mit Kreuzkraut
    und Lügen
Legt aufs Aug mir ein Moosblatt
    dass nicht mehr mich beschwere
    als das Gewicht eines
    Moosblattes

Wenn einst mein Name wird schlafen
    im versiegelten Krug

Tragt mich meerwärts

    Dass ich pflücke den Mondduft
      Er löst die Rätsel
    Dass ich lausche dem Schilflicht
      Das weist den Heimweg
    Dass ich reite den Delphin
      Er kennt das Zielwort

Wenn einst mein Name wird schlafen
    im versiegelten Krug

Bringt mich meerwärts

    Das ist genug

Verfolgt
von der Meute des
windgetriebenen Herbstlaubs
ein einsames Gespräch mit Duckdalben
im Brackwasser das mir bis zur Kehle reicht

    vermählt mit dem Duft
    der letzten Levkojen

Einziger Zeuge der Mond
der das Geheimnis
der bestimmten Stunde bewahrt
    im verschwiegenen Steinsarg

Wo man Tränen nicht mehr kennt

Gevatter mit der Sense,
tust blicklos deine Pflicht.
Du erntest überreichlich,
doch säen tust du nicht.

Nach welchem Plan du mähest
die Blumen ab vom Feld,
wird dein Geheimnis bleiben
— wer fortbesteht, wer fällt.

Wenn du nach strengem Plane
breitest deine Schwingen,
ist mir zuweilen bitter. Ist mir,
als müsst ich mit dir ringen.

Wär' mehrmals leichtes Pfand gewesen
— du hast mich nicht gewählt,
statt dessen manche Wegbegleiter
nach deinem Muster ausgezählt.

Ich hadre nicht mit weisen Schlüssen,
dafür bin ich zu klein.
Will dich willkommen heissen,
sollt ich einst müde sein.

Dann hüll mich sanft in deinen Mantel
und bring mich konsequent
dorthin, wo andre auf mich warten,
und wo man Tränen nicht mehr kennt.

EXISTENTZIELLE FRAGE

GEZEUGT.
GEPFLANZT.
GESCHRIEBEN.

GELEBT.
GELIEBT.
GEBLIEBEN?

... ALS DEINE SEELE GING

VOLL VERTRAUEN IN MEINE STREICHELHAND
DEM NADELTOD KEINE GEGENWEHR.
EIN SCHAUER STROMT DURCHS GLANZFELL.

UND SEKUNDEN SIND NUR SEKUNDEN.
NUR SEKUNDEN
UND KEINESFALLS LÄNGER.
EIN SCHOCK DIE TAT-
SACHE. UND NUR DER SCHOCK IST
BESTÄNDIG UND NICHT
EIN LEBEN.

WÄHREND DEIN AUGE LÄNGST
DAS IMMERLICHT BLICKT,
STIRBT EIN TEIL VON MIR.

UND STIRBT UND STIRBT,
UND ES BLEIBT DIESER SCHMERZ.
UND BLEIBT UND BLEIBT.

ICH LEG DIR KEINEN STEIN ZUR LAST
ODER AUS HOLZ EIN KREUZ.
NICHTS WEISS ICH VON DEINER GÖTTIN.

VEILCHEN PFLANZ ICH DORT, ALLERLEI
GLÖCKLEIN UND VERGESSDEINNICHT.

MEIN HERZ BRAUCHT EINE PILGER-
STATT ... STATT ... STATT ...

Abschiede
	starren aus allen Ecken
	meine Wege sind
	damit gepflastert sie
	schmerzen mich bei
	jedem Schritt meine
	Seele weint und ich
	kann sie nicht trösten

Abschiede
	stapeln sich in
	meinen Schränken ich
	will die Türen
	schliessen bevor es
	nicht mehr geht

Ungedeutete Träume
nichtgelesene Briefe und
das Schwirren der Wörter
wie vom Bogen
geschnellt

Und die Einsamkeit
des Redners der die Antwort
vergass hinter
der Stirn

Wer legt die Gratleiste
an die Erinnerung und
schlägt mich steinstumm
in Bann

Es knallen Gedanken
an die Schläfe

sie treiben den Schlaf
aus dem Nachtauge

sie knüpfen ein Wortspiel
aus Namen

sie zielen mit Steinen
nach der Schulter

:

E
in H
äuflein
Zeitsand und
Salz am Morgen

Einsamer Sonntag

Und ein Gehör
verschafft sich der Lärm
der Gedanken

Das Dröhnen und Poltern
und Trommeln und Toben
und Grollen und Rollen

Wie Schottersteine
vom Gipfel in die Tiefe
schottern

Losgelöst vom
schlanken Fuss

Keine Spur
des fliehenden Fusses im Sand

Ohne Hall
die schlagfertige Glocke im Dom

Lautlos
die stiebende Getriebenheit der Strassen

Ohne Echo
der Angstlippe Schrei

Schwer zieht die Steinlast
Schulter über Kopf
in bodenlose Finsternis
                    ohne Spur
                    ohne Hall
                    ohne Laut

        und bleibt echolos in der Zeit

Herbst macht lang
die Schatten
ebnet Träume ein

Die Halme unter
deinem Fuss
sind nicht wieder
aufgerichtet

Und beharrlich
schweigt der Kies

Mich friert

Trennung pocht
an mattes Glas

Wieder und wiederum
ausgetauscht und fallengelassen
wie ein Staffelstab

Mich friert

Verlassene Stühle
kehren mir unversöhnlich
die frostigen Lehnen

Von den
Begegnungen
        in meinem Leben
        mit Gewicht
Jahresringe
        ums Herz und
        im Gesicht

Wehmut und Novemberpoesie

Nachtfarbene Krähen scheinen heimatlos
in kahlen Bäumen
Mit Stimmen wie
aufgeschlagene Knie
hocken sie auf Abschiedsträumen

Regenheiser klagen Gartenpforten
im Scharniere
wie heulende Weiber
in nackten Weiden
wie weidwunde Tiere

An den Füssen schmerzen
Bleigewichte
Graulicht leiht die Nacht
dem flüchtigen Tag und
Pfützen tragen Glasgesichte

Wie schrille Sicheln geht
der Wind ums Ohr
Den Atem begleitet
Ruch und Geschmack
vom Todesmoor

Hinter grauen Nebelgardinen
kauert Melancholie
Vor einsamen Fenstern
wächst Wehmut und
Novemberpoesie

Nebel

Heut lauscht man
vergebens
Heut überdehnt sich
das Bangherz

Heut drängen hinter
herrenlosen Nebelfahnen
graue Rösser mit
triefendem Atem
zausen Mähnen und bleich
gesäumten Schweifen zur
lautlosen Jagd

Heut greift der tiefe Himmel
mit klammen Armen nach
Giebeln und Tannen
um nicht in die Schluchten
der Häuser zu fallen
und schlingt sein
falbes Gewand

Heut kriecht der Tag
unters gilbe Laub
und wähnt sich
geborgen

NovemberBilder

Ohne Absicht glimmt
am nackten Strauch
der Novemberrose
letzte Glut

Schmale Monde
notieren verlorene Stunden
auf bleiche Wiesen und
über brache Felder
breitet vergängliche Schleier
der erste Reif

Vor den heimwärts
eilenden Fuss stürzt
windstossweise Erinnerung
während fremde
Schritte tuscheln
im beredsamen Laub und
fallen zur Last
der Stille

Im Dorf bekerzen
Kinder die Laternen und
beschwören tapfer
zerbrochene Lichttage

⇒

Mit hellen Märkten
schmückt sich
das späte Jahr und
mit bunten Drachen
die Himmel

Nur in deinen Augen
friert ein Immerwinter

EinzelKind

Es spindelt der Tau sich
rauchweiss zum Licht.
Die Nacht grub mir Kerben
ins Schlaflosgesicht.

Der Tag glüht auf:
Neurosig in Rot.
Ach Schwester, nichts ahnst du
von meiner Not.

Wo bist du geblieben?
Dann wären wir zwei.
Man häutet mich täglich —
werd' dennoch nicht neu.

Bruder, ach Bruder,
du hast dich versagt.
Du fehlst mir allabends, wenn
der Albtraum mich plagt.

Diesseits von Eden
fecht' ich allein.
Wollt' lieber wie ihr
nicht geboren sein.

ErbLast

Der ohren- und augenbetäubende Schmerz
tobt durch Lebensgezeiten
brandet mich zum Strand
netzt nicht nur die Fessel
und den Saum des Mantels
ebbt um die geborstene Schulter
schürft wund das Herz
und lastet auf strebendem Schritt

Bruch-Stück-Weise

Schwergewichtig
prägen schwarzgraue Lettern die Textur
jener Tage
Zerplatztes
Lachen knallt unverdaulich
ins Gedärm
       Da ist die warme Hand
         wie eine Zwinge
         der weiche Arm
         wie eine Schlinge
         das leichte Wort
         wie eine Klinge

Alter Schmerz
kränzt Lipp' und Wimper wie dürres
Flechtwerk schattet Trauer die
des Auges Winkel
bläut
schlaflose
Wegstrecken bahnen sich in
dünne Haut Schläfe Stirn
und Wehmut unbarmherzig längs
der Wange

Das Gewicht
leiht ein Verrat der Träne die
der Waage Schale
neigt   ⇒

Ansichtskarten
senden Chimären aus der Vergangenheit mit
starren Gesten und unmündigen
Silben

Am Ostfenster
rosten Sonnenfäden und knirschend
fremd die Kufen der Mond-
wiege
Ums erloschene
Feuer kauern flügellahm die müden
Musen die das Codewort
hüten

Und ich warte auf das Ende des Wartens
Und ich friste geduldsspannenlang Hoffnung
Und ich fahnde nach Deutung
Und ich träume zornige Revolutionen
Und ich schrumpf in mein Gehäuse
Und ich ziehe meinen einsamen Perl-Mutter-Weg

Konjunktiv

Sähet am liebsten mich am Galgen
dass der Sturm das Haar mir strähle
und mir die morsche Rippe raufe
dass sie diene den Krähen als Stiege

Wenn selbst der Tau zu sterben schiene
und Tränen aus Sand die Steine weinten
bliebe dem Restlein Schlitt und Bein
die sprachlose Lippe
die das Ungesagte plagt

Wer wohl pflückte mich vom hohen Baume
dass die schwere Schulter sich schmiege
in die Trostmulde
die der Mondwind formt
mit fürsorglich mildem Atem

Dann
nickte allwissend die
Jenseitspappel
und flüsterte mit
zitterndem Blatt
das Schlaflied aus
silbernen Silben

Schwanger

Schwanger geh ich schon seit Monden.
Trag aus den Schmerz, der in mir nistet
und sich bläht wie ein fettes Geschwür,
der mir Atem raubt und Schlaf.
Mir ist, als würden Steine in mir wachsen
— so hart, schwer, kalt ist meine Last.
Ungeborenes zerrt und zehrt mich mager.

Schwanger geh ich schon seit Monden.
Trag aus den Schmerz, der an mir nagt
und mir die Stirne kniewärts zwingt.
Da kann es Trost nicht geben.
Übers Jahr, doch übers Jahr
werde ich gebären
mehr als eine Freiheit und trennen
die zwiefache Doppelschlingschnur.

SCHEUES EFEU WÜRGET EICHEN
SCHLICHTES KRAUT SPRENGT STEIN UND ERZ
SANFTE WASSER SCHLEIFEN FELSEN
LEICHTE WORTE BRECHEN HERZ

WENN EIN STEIN
        EIN STEIN IST
UND KEIN STEIN
        EINEN STEIN NACH
        EINEM STEIN WIRFT

WENN EINE ROSE
        EINE ROSE IST
UND KEINE ROSE
        EINER ROSE
        EIN ROSENAUGE STICHT

WAS ALLES TUT EIN MENSCH
        OBWOHL ER EIN MENSCH IST
                EINEM MENSCHEN

                        NICHT

Novembersturm
macht mit mir den
Lass-sehn-wie-weit-du-biegsam-bist-Test.

Bestanden.
Ich zerbreche nicht.
Neig mich geschmeidig bis zur Erde.
Erst Müdigkeit.

Dann Zuversicht.
Frühling kommt
mit Wärme wieder
— in welchem Monat ist egal —
so sicher,
wie mich jetzt friert.

Bienen und Hummeln
werden mir erzählen
von der berauschenden Süsse
des Honigs.

Schmetterlinge
werden mir berichten
von dem wundersamen Erlebnis
der Metamorphose.

Lächelnd
werde ich sagen:
Das wusst' ich längst.   ⇒

Bauchkriechend im Dezember
begann ich
mich einzuspinnen
in meinen Kokon,
abwartend darin
die Zeit der
Ent-Puppung.

Neue Flügel
werden wachsen,
sich entfalten
in vollendeter Schönheit.

Nach der Verwandlung
entschweb ich erstarkt
meiner selbstgewählten Klause.

NovemberDezember

Wie der Daunenschnee
sanft sich fallen lässt
auf das Gelbrotbraun der letzten Blätter
entsag leis ich der Betriebsamkeit
und füg mich in die Jahreszeit

Stille kehrt ein
in meine Seele
inwendig grünts und sammelt Kraft
wie unter meinen Beeten
Die Schöpfung macht Pause um Atem zu heben
verweigert sich der Städte Hast
die nicht in ihren Rhythmus passt

Alles hat seine Zeit
lehrt die Natur
besinnt sich ruht stimmt mild
und führt die Malhand zum friedlichen Bild

So wie dieses Jahr sich rundet
nimmt manchen Abschied mein Klopfherz
und spürt wie es — gesundet

MANCHMAL

MANCHMAL schreib ich klare Wörter
MANCHMAL schreibe ich ein Bild
MANCHMAL kämpfe ich mit Zunge
MANCHMAL kämpfe ich mit Schild
MANCHMAL träum ich Seifenblasen
MANCHMAL träum ich Stacheldraht
MANCHMAL schlag ich einen Bogen
MANCHMAL schlag ich einen Rat
MANCHMAL bin ich auf der Höhe
MANCHMAL ganz tief unten
MANCHMAL bin ich schrecklich müde
MEIST hab ich's überwunden

Angekommen

Dort wo sich Geleise treffen
Dort wo der Weg zum Punkt gerinnt
Dort wollt' ich hin als Kind

Dort wo der Himmel die Erde berührt
Dort wo der Wind sein Lied ersinnt
Dort wollt' ich hin als Kind

Dort wo die Regenbogen wachsen
Dort wo die Sterne zum Greifen sind
Dort wollt' ich hin als Kind

    Ich suchte manche Jahre
    aus Sehnsucht nach dem Glück
    Doch meist so schien es
    wich es vor mir zurück

Konnt' Sterne nicht und Winde fangen
Konnt' nie zum Horizont gelangen
Der Himmel blieb stets oben

Nie trafen sich Geleise
auf meiner langen Reise
Nie ward ein Weg zum Punkt

    Was bergen Horizonte
    Was singt ein rauher Nord
    Was such ich am Gezelte
    und was am fernen Ort

    Alles wächst und fügt sich
    singt und glänzet *hier*
    Ich brauch nicht mehr zu suchen
    Das Glück fand sich — *in mir*

winter

graugraue wolke
schatzkästlein
ahnte es noch gestern
kaum

cherubim
bohrten mit
vorwitzigen
fingern

da fallen und fallen
diamant brillant kristall
stern auf stern
der einsamen weide
ein funkelnd diadem
aufs gebeugte haupt

dezember

schneestill
wie verwaiste wiegen
ruhen tal
und senke

steine
schmiegen sich
und sinnen
bewachen
die zunehmende
zeit immer
länger dehnt
sich
gestern

fernes licht
jenseits
dieser einen brücke
erinnerung

das geschenk
aus schneesternen
friert in meinen
händen

perspektive
während der kälte

rauchige wintermonde
bahnen leuchtfährten
auf steinwurzelpfaden
dem schweren schritt

lilienweisse tage
reihen lichte alleen
vor auge und blick

WENN SICH DAS JAHR ZU ENDE NEIGT KRIECHTS FAST
AUF DER ERDE WEST IN NASSEN BLÄTTERN HIN UND IN KAL
TEN PFÜTZEN MÜDE ALT UND GRAUGEBEUGT SCHLEPP
TS END-LICHE TAGE WENN DIE LETZTE STUNDE
NAHT WIRD'S NOCH EINMAL REGE WIRFT
KONFETTI IN DIE LUFT UND KLATSCH
T IN BEIDE HÄNDE DANN LEGT
SICHS NIEDER IST VORB
EI UND HAUCHT
DEN LETZT
EN OD
EM

:

K
AUM
HAT D
ER ZEIG
ER ZWÖLF PAS
SIERT REGNETS FAR
BENSCHAUER VOM HIM
MEL STIEBEN STERNENSPITZ
EN FEUERGOLD ES PERLT AUS
GLAS UND UHREN CHAMPAGNER
TRUNKEN NEU UND FRISCH ÜBERHOL
EN SICH SEKUNDEN VERDICHTEN SICH
ZUR GLÜCKSMINUTE ODER SCHATTENSTUNDEN

Inhaltsverzeichnis